I7 56
1843

RÉPONSE.

L'HOMME ROUGE

A L'HOMME GRIS ET A SES CONGÉNÈRES.

SOLIPÈDES ET QUADRUMANES

PROUDHONNIENS

Par J. BUZON Jne

> Et remuant les babines comme un singe qui
> cherche poul en teste, tremblant et claque-
> tant des dents.
> RABELAIS.

> Ὄνος Τόνῳ κάλλιςος, ὑς ὅ Τῳ υἷ
> ALCIMÈDE.

> Et le pain est si cher !
> Et la terre a tant besoin de bras !

BORDEAUX,
IMPRIMERIE MÉTREAU & Cⁱᵉ
Rue du Parlement-Sainte-Catherine, 19.

1867.

AU LECTEUR.

Nous prions ceux qui pourraient s'intéresser à ce qui va suivre de vouloir bien jeter un coup d'œil sur une publication récente de l'auteur, *Classes-Moyennes et Prolétaires*, qui se vend chez tous les libraires.

Ils trouveront dans cette discussion un double enseignement :

1º Celui de savoir au milieu de l'affaissement du niveau actuel des intelligences, signalé en France par les journaux même du gouvernement, quel est le degré de niaiserie où est tombé ce qu'autrefois on appelait *petite presse*.

2º A quel degré de coterie et de mauvaise foi sont arrivés les partis politiques !......

Et peut-être alors n'auront-ils pas tout-à-fait perdu leur temps.

Quoiqu'il en soit : naturalistes et philosophes ne peuvent dédaigner les petites espèces. — Tout pour eux est matière à études.— Depuis les microzoaires jusqu'aux pachydermes, depuis le solipède jusqu'aux grands mammifères. En étudiant ces espèces de près, on apprend ainsi comment on doit domestiquer les unes et *bâtonner* les autres.

Nota. — Pendant que ces pages étaient sous presse, le hasard nous ayant jeté sur les pas du secrétaire du bureau de l'Association internationale, il nous a déclaré que le bureau était formellement étranger aux folliculaires de *l'Homme Gris!*

Nous donnons acte au bureau de cette affirmation, mais il était trop tard pour retirer ce qui pouvait être relatif à nos dissentiments communs. — Toutefois, nous devons dire qu'en politique plus qu'en toute autre chose il est bon de savoir choisir ses amis, ses adversaires, ses ennemis ; car si le proverbe dit : Dis-moi qui tu hantes, je te dirai qui tu es ; en politique on doit dire : *Dis-moi qui te défend, je te dirais qui tu es.*

LETTRES
DE
L'HOMME GRIS

Par M. Paul DUARVEL (lisez Paul LEVRAUD),

et Henri A***

Au citoyen BUZON Jeune,

à propos de sa publication

CLASSES-MOYENNES ET PROLÉTAIRES.

Depuis huit jours, bravant le vent et la pluie, nos intéressants compatriotes vont « faire un tour de foire. »

Une habitude bi-annuelle qu'ils ont contractée dès leur plus tendre enfance les pousse, tous les soirs, à aller admirer, sur les Quinconces, un spectacle toujours nouveau en sa vieillesse.

Arpenter les galeries de bois, se promener pendant six heures de long en large sur le « grand carré, » en lorgnant les cocottes qui viennent faire *la place*, est pour le véritable Bordelais un délassement nécessaire. Quelquefois il daigne s'arrêter devant les « baraques » et sourire aux *lazzis* des pîtres ; mais rarement vous le verrez se rendre aux appels réitérés du baladin qui crie d'une voix suppliante :

« Entrez ! Messieurs et Dames ; vous paierez en sortant !...»

Ce n'est pas qu'il ne soit point curieux : il est encore plus badaud que le Parisien ; mais il tient avant tout à poser, et entrer chez Loramus ou chez Geneviève de Brabant, ce n'est pas « bon genre »...

Pourtant, les exhibitions foraines ont du bon, et, nous l'avouons à notre honte, les baladins sont des êtres qui nous amusent beaucoup.

Même lorsque le mauvais temps nous force à rester dans notre chambre, nous aimons à nous occuper d'eux et à juger leurs œuvres. — C'est pourquoi, cette semaine, nous avons acheté une brochure « couleur espérance » intitulée : *Classes-Moyennes et Prolétaires,* par M. J. Buzon jeune.

Ah ! il est b...... en colère, le père... Buzon jeune ! Il menace de tout massacrer, et, sans plus tarder, commence par la grammaire...

Fatigué de rire, nous nous disposions à faire, au point de vue littéraire, la critique de cette élucubration insensée, lorsqu'un de nos amis nous a communiqué une lettre qu'il se disposait à adresser au Gagne bordelais. Cette lettre, nous la publions pour récompenser le prophète-Buzon jeune d'avoir fait imprimer des choses aussi amusantes.

Ah ! Monsieur Buzon jeune, nous vous faisons de la réclame ! pensez à nous lorsque vous serez maire, préfet ou ministre !

Paul Duarvel.

Louez mon courage, citoyen Buzon ! J'ai lu votre brochure d'un bout à l'autre, depuis l'*alpha* jusqu'à l'*oméga*. Il y a peu de lecteurs de ma trempe ; quand je tiens la bête imprimée, je ne la lâche point que je l'aie dévorée. Et je suis très-friand des morceaux du crû, me persuadant volontiers qu'il y a encore des grands hommes en province, des célébrités départementales et des génies communaux.

Je ne me fais pas tirer l'oreille pour avouer que vous êtes de ceux-là, citoyen Buzon ! Vous êtes même plus que de ceux-là : vous êtes de ceux dont la spécialité est d'être universels, et vous offrez l'heureuse combinaison morale du marchand de drap mêlé à l'écrivain, du socialiste juridique mitigé par le propriétaire de ville et de champ, de l'arboriculteur doublé du vigneron. C'est pourquoi je vous admire fort, et pourquoi je brûle de vous dire mon sentiment sur le petit travail que vous venez de publier touchant « les classes-moyennes et les prolétaires. » A vous dire le vrai, je connaissais un peu déjà le fond et la forme de la dispute ; je savais que, à côté de votre candidature pour le Congrès de Lausanne, le groupe des Associés girondins avait admis celle d'un ouvrier, ce dont vous fûtes extrêmement mortifié ; je savais également que, tout marri de votre déconfiture, vous aviez adressé au *Courrier-Français* le *factum* que vous reproduisez dans votre brochure sous le titre *Protestation de principes*, et que, pour être à la fois plus exact et plus français, vous eussiez dû intituler *Pétition de principes* ; je savais tout cela, et bien d'autres choses encore. Eh bien ! j'étais loin de prévoir pourtant qu'il en sortirait encore une brochure, et une brochure dont vous seriez le père. Ce qui prouve, soit dit en passant, que savoir n'est pas toujours prévoir, quoique vous en disiez, sous forme d'axiome, sans savoir vous-même qu'Auguste Comte l'a dit avant vous, et sans prévoir non plus que je serais là pour m'en apercevoir et vous le dire. Tant il est vrai aussi qu'un candidat évincé peut être capable de tout, même d'exhaler son ire en *ithos, pathos, latin, charabias* et *titi* mêlés : ce qui est votre cas, citoyen Buzon ! Et comme ce que je dis, je le prouve, je vais incontinent justifier ce que j'avance.

Je dis que votre style est *ithos* : « *A voir cette ronde de damnés qui s'agite du haut en bas de l'échelle sociale,* » Voyons, citoyen Buzon, est-il possible de danser une ronde sur une échelle ? C'est une image fausse, exagérée, impossible ; toutes qualités qui constituent le style *ithos*.

Votre style est *pathos* : Je pourrais donner des exemples par poignées ; je prends le plus court. Emporté sans doute par le feu de la vision prophétique, citoyen Buzon jeune, après nous avoir montré les Barbares se ruant sur nous, vous ajoutez : « *Le tour de l'Europe aura sonné pour elle.* » — Voilà ce que c'est que de vouloir faire de la prose à effet : on s'enfle bien pour tourner une phrase sublime ; crac ! on lâche une grosse bêtise.

Votre style est *latin* : Dans votre piteuse brochure, vous plantez du latin par ci par là, à tort et à travers, comme des cheveux sur la soupe. « *Pas n'est bien,* dites-vous avec inversion latino-barbaresque, *pas n'est bien de voler ainsi les Jérémies de la Révolution.* » Et vous ajoutez : « *Lugentes et flentes, super flumina.* » Ce que vous traduisez par : « *A chacun ses oies à plumer.* » Citoyen Buzon, en ce moment j'obéis à votre recommandation.

Votre style est *charabias* : Oh ! là, citoyen Buzon, souffrez que je ne cite pas d'exemples, et que je vous laisse dans les « *mirnes* » du doute ; cela dépasserait, du reste, la « *norme* » de toute critique raisonnable ; « *faudrait* » trop en dire, « *faudrait* » trop rire. J'aime mieux avouer que « *le cœur me fault devant toutes ces failles* » ; et si je puis en être quitte en « *sifflant un air de routine et de bénalité* » , je ne me donnerai pas la peine de ramasser « *sous la roche du travail manuel un scorpion de mer pour vous le lancer dans les jambes.* » Ouf !.....

Votre style est *titi* : Il est vrai que là vous avez une excuse, et je suis trop porté en votre faveur pour ne pas la mentionner. Vous fûtes débardeur, citoyen Buzon, au temps où vous étiez jeune ; souvenez-vous-en, souvenez-vous-en ; vous avez pincé le cancan dans nos bals de barrière, autant et plus peut-être que ce pauvre Vermorel, auquel vous faites un crime d'être allé chez le *Père Lahire.* Il est vrai qu'aujourd'hui vous êtes un socialiste ayant maison et terres, renté, patenté, ventru, « *propagandiste diplômé et vieilli* » ; aujourd'hui vous êtes grave ; aujourd'hui vous dites comme Louis XII, avec une générosité charmante : « Le socialiste Buzon oublie les entrechats du débardeur Buzon. » Mais ne vous y trompez pas, vous êtes encore *titi;* votre style en témoigne. Écoutez-vous parler : « *Pas si pecques, les Américains !* » Et vous dites au lecteur : *Appelle-moi* PAPAVOINE, *si tu veux ; mais ne m'appelle pas* GÉOMÈTRE........ Ah ! mon gros vieux Buzon jeune, comme vous êtes encore jeune !

Voilà, quant à la forme, ce que j'avais à dire de vous et de votre langue. Quant au fond, vous avez fait un salmigondis de toutes sortes de phrases pillées à Proudhon, à Langlois, voire au *Courrier Français.* Toutes les notions sociales se brouillent, se croisent dans votre cervelle : « Le petit marteau qui ne pourrait, suivant vous, démolir l'Arc-de-Triomphe de l'Étoile », a suffi à produire cet ébranlement mental. Du reste, tous ces ramassages forment le meilleur de votre brochure ; je sais bien que ce n'est pas votre faute, et je ne vous en accuse pas : quant au reste, cela rentre encore dans la catégorie du *charabias.* C'est ainsi que vous houspillez « l'Association internationale », à laquelle cependant vous avez adhéré un des premiers; c'est ainsi que vous avez appelé producteur le boutiquier et le commerçant, ce qui tendrait à établir qu'en aunant de la toile, par exemple, vous produisez du calicot ; c'est ainsi que vous prétendez que M. Dupont est marchand de musique à Londres, lui qui disait, en quittant Lausanne : « Je crains bien que mon patron me f........ lanque à la porte. » C'est ainsi que vous avancez que Malthus « *réclamait de ses compatriotes Saxons la loi infâme qui porte son nom* », tandis qu'il est constant que Malthus n'a fait que dénoncer le défaut d'équilibre existant naturellement entre la production et la génération, et qu'il est aussi faux de dire qu'une loi naturelle se réclame et s'invente, que de dire, par exemple, qu'en essayant, par votre brochure, de mettre le feu aux poudres, vous avez inventé la poudre ; chacun sait qu'il n'en est rien ; c'est ainsi....

Mais pourquoi continuer davantage ?...

Aussi bien, s'il me fallait énoncer toutes les erreurs de fait, de droit et de langue, qui fourmillent dans votre élucubration, j'aurais de quoi faire une brochure, ce dont Dieu me garde ! Il vaut donc mieux, et pour vous et pour moi, que je close ma lettre. Mais je ne le puis faire sans vous donner un conseil, citoyen Buzon.

Ne vous mêlez plus d'écrire : vous n'êtes pas taillé, moralement et intellectuellement poùr faire un prophète, un homme de parole ou un homme d'action ; soignez vos pommes de terre, émondez vos arbres, taillez votre vigne, vendez votre toile, soyez bon époux, bon père de famille, au besoin bon garde national. Voilà la seule propagande que vous puissiez faire : c'est peut-être la meilleure. Ne faites pas de bruit, ne faites plus parler de vous, c'est le seul moyen de sauver votre réputation, et de faire croire à la petite légion sacrée dont vous êtes le capitaine, qu'il vous reste encore un peu de tête.

Faisant ainsi, vous aurez l'estime des gens qui vous veulent du bien, et vous pourrez, sans trouble aucun, manger votre « *petit biscuit* » en famille.

Je vous salue avec « *bénalité* ».

Henri A***

APRÈS
LA FÊTE DES FOUS

LA FÊTE DES ANES.

> God save you from the red devils.
>
> Or, mes enfants, sachez
> Que là, pour mes péchés,
> Du coin d'où le soir je ne bouge
> J'ai vu le *Petit Homme Rouge*.
>
> BÉRANGER.

Vous écrivez des lettres aux gens et vous ne leur adressez ni copie ni original. — Ah ! ce n'est pas bien, cela. — Sournoiserie d'écoliers ; mais passons.

Force est donc d'acheter lesdites lettres, et non content de faire payer les frais du papier, vous leur faites payer les frais d'un bal à grand orchestre à leur bénéfice. Ah ! ce n'est pas Don Juan. A part cela, il y a prodigalité.

Enumérons les airs, les valses et les quadrilles :

    Baladin. — Et d'un.
    Insensé. — Et de deux.
    Bête. — Et de trois.
    Ithos, Pathos. — Et de quatre.
    Latin. — Et de cinq.
    Charabia. — Six.
    Barbaresque. — Sept.
    Re-fou. — Huit.
    Sans-tête. — Neuf.
    Massacreur. — Dix.

Arrêtons-nous. — Ça mange du papier, et la dizaine suffit.

Or, en bon Proudhonnien, *vu la réciprocité*, nous tenons à vous donner la monnaie de votre pièce ; nous tenons à compter — sans compter.

De plus, en bon faubourien, nous tenons à n'être pas en reste de politesse avec vous. — Attendez un peu que nous passions notre blouse, aussi bien les *vieilles manchettes de M. de Buffon* nous pèsent, et pour cause....... vous l'avez dit ; et pour chiffonner, comme disait *Bruno le fileur*, faut être à l'aise !......

Cependant, comme vous vous êtes placé au moyen-âge en nous donnant *la fête des fous*, nous prenons notre buridan, et nous allons vous donner *la fête des ânes*. — Voir Notre-Dame-de-Paris (V. Hugo), pour le menu de ces deux fêtes.

Après l'invitation collective, le chef d'orchestre conduira seul !

Le bal s'ouvre par M. *Paul Duarvel*. — Ah ! celui-là se signe, du moins. — Il y a là quelque chose sous la mamelle gauche........ Mais l'autre !........

Je demande à droite et à gauche : Connaissez-vous un Proudhonnien proudhonisant du nom de Duarvel, — nom à finale bretonne ? — Ça doit-être un bon, celui-là ? — un têtu. — Connais pas.

Du diable si j'en connais pas un !

Ah ! j'y suis, ce doit être un de ces cryptogames Proudhonniens poussés d'hier dans le charabia de l'époque.

Et le plus drôle, c'est cette manière de se présenter. — La tête en bas, les pieds en l'air, vous fourrant sous le nez ce vigoureux organe

Que la pudeur me défend de nommer.

Naturellement, cette posture d'acrobate donne des prurits à l'odorat et des démangeaisons à l'orteil.

Affaire de fouette-coco, chacun se présente comme il sait, sur pieds ou sur pattes, — suivant l'éducation !....

« Nous vous faisons de la réclame, nous dit-il, songez à » nous quand vous serez Maire, Préfet ou Ministre. » — Je le crois parbleu bien, et ce serait ingratitude de n'y pas songer........

Quatre pelés et un tondu en tout, abonnés et gratte-papier. — Et on appelle cela de la réclame !

Cela nous rappelle une parodie romantique intitulée *une Passion*. — L'amoureux, fou d'un mannequin, se croit adultère, et pour assurer le secret du valet de comédie, lui glisse deux sous dans la main en lui disant, les yeux hors de tête :

« Tiens, voilà de l'or pour payer ton silence !..... » De l'or !..... Deux sous !........ Si c'était *La Gironde*, — la cousine, — passe encore!.

Ah ! vous vous êtes donné, mes maîtres, *une ventrée*. — A not' tour la *goulée !*.....

Figurez-vous, il y a un animal que souvent je me suis plu à étudier dans ma vie. — Le pourquoi, le voici : — Il avait eu l'insigne honneur de porter sur son dos le *premier socialiste d'action, le Juste de Nazareth*, à son entrée à Jérusalem. — Je l'ai étudié non-seulement dans Buffon, l'écrivain à manchettes, mais dans Pelletan l'apocalyptique. — Celui-ci, dans sa profession de foi au XIXme siècle, a cru devoir lui consacrer une page (87) mystique et touchante, et il a bien fait. Il en valait la peine. — Mais il y a quelques particularités échappées et au naturaliste et au psycologue, que je tiens à relever pour que l'étude soit complète.

Or, voici le fruit de mes observations ; c'est pris sur le vif.

Prenez trois ou quatre ânes réunis, voilà ce qui va se passer........

Le premier se met à braire, à l'instant les autres suivent, et tous les confrères de la contrée de faire chorus.— 1er Phénomène.

2me Phénomène : le 1er renâcle. — Le 2me renâcle, ainsi de suite.

3me Phénomène : Le 1er lève la tête et la dresse perpendiculairement tant haut qu'il peut, puis sa lèvre supérieure se retrousse, et le voilà *qui rit pendant vingt minutes*. — Le 2me en fait autant ; — Le 3me en fait autant, car il y a attraction chez les *solipèdes*. — Les voilà tous à rire, et vous voyez quatre mâchoires dans le genre de celles que Samson lançait en fronde contre les Philistins. C'est horrible à voir. — Mais c'est ainsi !......

Les voyant rire de la sorte, je me disais souvent : Mais de quoi diable peuvent bien rire ces ânes ? Ah ! parbleu, c'est bien simple !.... Ils rient *du frottis de l'un contre l'autre*;

— De se sentir les coudes, les genoux, et comme ils ont mis le museau dans Proudhon (car un âne est capable de tout), ils ont lu sa magnifique *Théorie de la force collective*.

Alors, se comptant, ils disent : Un âne et un âne ça fait deux ânes ; deux ânes et deux ânes ça fait quatre ânes. — En vertu de la théorie de Proudhon quatre ânes pourraient bien faire une *bête d'esprit;* le proverbe dit : De l'esprit comme quatre !.... et Toussenel, d'ailleurs, a fait un volume charmant, ma foi, — sur *l'Esprit des Bêtes* !....

Voici des faits désormais acquis à la science, des faits échappés à la sagacité des *Jussieu*, des *Linnée*.— Ils avaient observé que certains animaux avaient le don des pleurs, comme le cerf, le bœuf, l'éléphant ; Mary Lafon, dans son *Histoire de Rome,* raconte que dans les cirques Romains les éléphants parfois se voyant vaincus, tombaient à genoux et pleuraient.... devant les Belluaires Gaulois ; mais nul d'entr'eux n'avait observé que l'âne avait le don du *long-rire*.

Ce sont là les phénomènes particuliers observés par nous chez les *solipèdes*. — Voyons comment les choses se passent chez les *bipèdes*.

Chez les bipèdes, c'est autre chose.— *Molière, le bon sens Gaulois*, lui qui n'est pas *si pecque* que nos Vadius, disait : « Rien de si difficile que de faire rire les honnêtes gens. » Et il s'y connaissait. — Mais il n'a jamais dit qu'il fût difficile de faire rire.... les autres !.....

Nous disons donc à notre bipède ceci : En régime Proudhonnien supposons la Révolution sociale faite et accomplie ; *L'an-archie*, c'est-à-dire le gouvernement de soi par soi établi. — La fédération contractée entre industrieux des villes et propriétaires des campagnes, entre provinces et communes. — Supposons un Congrès permanent dans chaque province. — Comme dans l'idée Proudhonnienne le temporel ne peut se séparer du spirituel, il en résulte que l'exécutif ne se sépare pas du législatif. — Alors, adieu les Préfets, adieu les Ministres, le Maire de la commune prend le nom de commissaire communal.

Supposez-moi, si vous voulez, commissaire exécutif pour un mois, une semaine, quarante-huit heures, ce n'est pas trop. Voyons ce qui va se passer :

Une des difficultés de la période organisatrice qui ont embarrassé et arrêté Proudhon dans son application de l'égalité positive, ce sont les travaux publics répugnants, avilissants, rebutants ; tels que *enlèvements des boues, matières fécales, détritus et circulus de toute nature,* comme disait Pierre Leroux. Il est évident que si chacun était consulté là-dessus, personne n'en voudrait. — Fourier, lui, s'en est tiré habilement par l'application à ces travaux de ses *petites hordes.* Proudhon, lui, n'a trouvé, pour résoudre la difficulté, rien de mieux que la capitation ou prestation en nature.

Or, moi, commissaire diurne, hebdomadaire ou mensuel, je propose d'emblée à la Commission pour expérimenter le dévouement à l'idée nouvelle des *Pseudo-Proudhonniens,* cryptogames socialistes, éclos d'hier, de les employer immédiatement à cette fonction. — Ah ! ma foi, tant pis. — Les essences du *père Thomas* ne valent pas, il est vrai, l'essence du *père Kermann !*......

A l'appui de ma proposition, je fais valoir l'argument des novices *chez les Jésuites ;* des épreuves chez les Francs-Maçons. — Pourquoi les Proudhonniens n'auraient-ils pas leurs épreuves ?......

Et, afin que ce régime arrive plus vite, j'ai hâte de poser à Bordeaux, une deuxième fois *l'abstention motivée,* comme en 1863, afin de barrer le chemin aux futurs députés de la classe ouvrière qui, faute d'une interprétation généreuse de l'idée Proudhonnienne, ne reculeraient pas d'aller se fourrer dans le charabia actuel. Et alors, plus de députés Proudhonniens, partant, plus de Maires, de Préfets, de Ministres, plus de *Taulain* et autres *Darimon* à venir.

Ça vous va-t-il comme cela ?

Vous voyez bien que je ne compte pas vous oublier, ni vous ni votre réclame, — tant s'en faut. —

En voici un de casé..... *A l'autre* !

« *Louez mon courage, citoyen Buzon,* » me dit *l'autre !* En v'là un qu'en parle à son aise de son courage ; il ne m'adresse ni *sa lettre,* ni *sa signature.* Ah ! si j'étais le Cid de Bivar, je lui dirais. — *Rodrigues, as-tu du cœur ?* —

Mais, hélas ! je ne suis pas le *Cid*, comme celui-là, malgré sa visière baissée, n'est pas le *Prince Noir ;* tant s'en faut !..... *Et si c'était un prince bleu !* Or, en fait de princes je ne connais que des bossus !......... — Et si c'était.....

Mais qui diable ça peut-il être ? Je me creuse la tête. — A***?— Je cherche des étoiles dans le drapeau Proudhonnien et n'en trouve pas. — Ce drapeau porte (*) de *gueules sans étoiles.* — Ah ! j'y suis, cette fois, je ne connais qu'un drapeau au monde semé d'étoiles. — Le drapeau Américain, qui porte *d'azur semé d'étoiles.*— Ce doit donc être quelque Yankee furieux contre moi de ce que j'ai appelé les Américains *mangeurs de noirs au Sud, mangeurs de blancs au Nord.* Et cependant, ce que j'en faisais là était pour les mettre d'accord et les renvoyer dos à dos et manche à manche dans la Révolution sociale. — Mais c'est toujours comme ça. L'enfer n'est pavé que de bonnes intentions.

Que serait-ce donc, grand Dieu ! Si je lâchais tout ce que j'ai sur le cœur et sur le *Pharisien Saxon,* et sur le *Pharisien d'Amérique,* et sur le *charabia Piémontais, le charabia Garibaldien, le charabia Français ;* mais *pas si pecque.* Je garde ce biscuit pour la légion sacrée. — Pas si sot de le dire à la sacrée légion ; ils en feraient leurs beaux dimanches !.....

Donc, l'autre, quand *il tient la bête,* ne la lâche pas. — Tudieu ! qu'elle frayeur j'ai eu quand j'ai vu à travers ce masque noir deux grands yeux rouges flamboyants, une gueule rouge aussi, grande ouverte, des crocs rouges aussi. Ah ! quels crocs ! J'en ai perdu, juste ciel, *le peu de tête qui me reste.*— Il me semblait voir la bête de l'Apocalypse, avec cette légère différence que la bête de l'Apocalypse *porte sept étoiles au front et que celle-ci n'en a que trois.*— Ce qui achève de me confondre de plus en plus. Oh ! un grain de mil m'aurait bouché — *le guischet du serrail*

Oh ! j'en resterai, foi de frère Jean, tout *solséfié,* tout brennous (**), tout *charabia rabelaisien,* comme Panurge.

Et dire encore le friand, ou le gourmand, qu'il la mange

(*) **En terme de blason, de geules signifie,** *rouge.*

(**) Solséfié, pétrifié. — Brennous, malade du ventre. — Tirés de Rabelais.

toute crue, sans la mâcher ; et un prophète encore ! Rien de si indigeste, malheureux ! Voyez Jonas, rejeté par la baleine, qui ne put le digérer. — Puis, écoutez la Bible. — Le Seigneur dit à Osée, un des petits prophètes de Samarie : « Tu
» prendras pour femme une courtisane; elle aura un enfant,
» tu le nommeras Sans-Pitié, — Sans-Quartier. — Suivant
» l'usage de Jehovah, le dieu farouche, il massacrera tout : —
» Grands-mères et grands-pères, les vieillards, les femmes,
» les enfants, et les ânes et les onagres ! »

Sans compter que dans sa fureur carnivore il ne perd ni un coup de dent, ni une pauvre figure de rhétorique, ni métaphore, ni *synecdoque, ni catachrèse !*.... ni une inversion.... Quel cuistre d'école !.....

Eh ! bien, chose bizarre, cet homme de *tête et de gueule, gula triplex*, qui n'oublie pas la catachrèse a oublié ce petit théorème géométrique qui veut que le *contenant soit plus grand que le contenu.*

C'est toujours ainsi ; on tombe du côté que l'on penche ; on veut hasarder du pédantisme, de la *cuistrerie d'école*, et crac ! on lâche une balourdise.

Jugez quelle grosse bête ce doit être pour avaler un *gros vieux jeune* comme nous ! pansu, ventru, touffu, dodu, branchu et.... tondu, *propriétaire aux champs et à la ville*, patenté, diplômé, renté, enflé........ et dépennaillé !........ pourtant.

En v'là un qui a compté avec nous. — Il est vrai que qui compte sans son hôte compte deux fois !...........

Ce doit pour le moins être le cétacé de Jonas ou un *mastodonte* ; un *plésiausaure*, un mégathérium oublié sur la planète, qui aurait rendu bien service à Cuvier, obligé, pour retrouver la structure perdue des grandes espèces antidiluviennes de se servir des fragments monstrueux que l'on voit à Paris au Jardin-des-Plantes !

J'en frémirai longtemps !

Cependant, en remettant mes sens, j'ai dû voir que ce n'était pas tout-à-fait cela, j'ai dû étudier le monstre de plus près, et *malgré le masque*, je n'ai pas tardé à voir qu'il ne courait après tout que *la petite bête !*

Or, entrez dans une ménagerie. — Quel est l'objet qui frappe le plus le regard ? c'est la collection des singes. —

macaques, — magots, — babouins, — sagouins, — chimpansés. — Or, quelle est l'occupation incessante de ces *intéressants quadrumanes ?*

Se chercher les poux, les puces, les trichines, les grégarines, les uns aux autres, dans la peau et dans le poil, et cela du soir au matin, de l'aurore au couchant ; et une fois trouvée, la vermine, la manger à belles dents.

Quelle occupation bestiole ou bestiale. —
Et le pain est si cher !
Et la terre a tant besoin de bras !

Aussi, les nègres disent-ils des singes : *Tou petit moun'là ka pa palé ka pa vouloi tavaiyé*, — traduction du charàbia nègre : « Tout ce petit monde-là de petites bêtes ne sait » que gratter du papier pour ne pas travailler. »

Ah ! ce coup-ci nous y sommes.— Ce n'est plus un gros mangeur, c'est un petit mangeur de petites bêtes.

Paul Couriër disiait de nous :—« *Peuple de valets ;* » *mais* Voltaire disait : « *peuple de singes* » ;—Courier n'avait pas tort et Voltaire avait raison.—Selon nous, il devait y avoir de l'un et de l'autre : — Singes ou valets tout cela n'aime pas à travailler ; cela a un poil dans la main, dirait *Titi le faubourien.*

Or, ce mangeur de petites bêtes s'étonne de trouver un provincial quasi-universel.

Il oublie une chose, c'est que l'idée Proudhonnienne demande avant tout l'enseignement *intégral ou polytechnique.*—Si la spécialisation est une bonne chose, puisqu'elle est le gage de la liberté individuelle du travailleur, l'esprit synthétique étant indispensable à la composition, à la perfection du travail, est le gage de sa responsabilité.

Ce que c'est tout de même de faire profession de mangerie infinitésimale, où s'extasie à peu de frais ; ainsi en voilà un qui a l'air d'ignorer que tout est relatif, et que dans l'idée Prodhonnienne, il faut toujours pour avoir la clé des choses, le passe-partout des idées, avoir l'œil et le nez sur le relatif et le contingent tout en combattant l'absolu, c'est-à-dire l'absolutisme, sous quelque loque qu'il reparaisse.

Ainsi, supposons un peuple *d'ânes*, et la supposition est faisable, car *l'Anglais Swift*, dans ses jolis voyages de *Gulliver* parle d'un pays de cheveaux, le pays des *Houyhnhnms,* un vrai cheval de nom et de pays !

Nous disons donc qu'au pays des ânes il y en a de toutes couleurs ; des gris, des roux, des blancs, des noirs ; mais une espèce dont *la Faune* manque, comme dans la *Flore* manque le *dalhia bleu,* — c'est *l'âne rouge,* le plus têtu de tous, mais le plus rare. Eh ! bien, que va-t-il se passer ? C'est bien simple. *L'âne rouge* sera nommé roi ou président, suivant qu'il y aura république ou monarchie ; — car si *Saül,* dans la Bible, cherchait ses ânes, à leur tour, les ânes cherchaient *Saül.* — Ainsi vont les peuples et les bêtes !............

Une dernière hypothèse :

Supposons un peuple d'aveugles, les borgnes seront rois ; chez un peuple de borgnes un strabite serait roi. — Eh ! bien, dans ce cas, nous serions certain d'être élu roi par la raison bien simple que la nature nous ayant fait *louche*, cela explique pourquoi nous voyons dans notre planète tout de travers, *bêtes, choses et gens* !......

Eh ! bien, croiriez-vous que notre mangeur a pensé à cela ? — oui-dà, il a d'autres petits chiens à fouetter et à croquer.

Or, à propos de ces petites bêtes, Proudhon nous écrivait un jour : « La démocratie ressemble à ces gueux que l'on
» voit à Rome le long des basiliques, des monuments an-
» tiques, étalant leurs plaies couvertes de vermines. Essayez
» d'en lever une, vite ils la remettent, fâchés qu'ils seraient
» de ne plus faire pitié. »

Or, nous de qui ce n'est pas la spécialité, nous avions cru débarrasser charitablement le socialisme naissant d'une fausse interprétation, c'est-à-dire d'une vermine sociale ; mais nous avions compté sans les spécialistes dont nous allions usurper la profession.

Vite nous nous mettons en train : après une *protestation de faits* une *protestation de principes.* — Il s'agissait en définitive de savoir quelle conduite morale et sociale avait à tenir le socialisme Proudhonnien, vis-à-vis de la *petite propriété, de la petite industrie, du petit commerce !*..........

Notre mangeur veut que ce soit une *petition de principes.* — Ah ! le malin ! Eh ! bien non, c'est une *com-*

pétition de principes; et comme aux élection prochaines les compétitionnaires pourraient bien se jeter dans la mare électorale, dans le cloaque social, nous aurons soin, vigie dans les haubans, de crier Abstention ! Abstention ! — Et comme en 1863, cela nous a réussi, il est probable qu'en 1869 cela nous réussira encore.

Le suffrage universel, blague moderne, a cela de bon, du moins, c'est que *faute d'un poil Martin peut perdre son âne.*

Qu'on se le dise au pays............

Vous êtes mortifié de votre déconfiture à la *pℏameuse délégation à Lausanne !*

Le voilà donc lâché, ce secret plein d'horreur !

Ah ! c'est comme ça que vous découvrez, mes petits babouins, le pot aux roses !...... *Les secrets d'état !......* Et toi aussi Brutus, mon fils !..........

> Moi qui croyais avoir tant de fois mérité
> Ou cet excès d'honneur, ou cette indignité.

Croyez donc à la popularité, vous autres philosophes, libres-penseurs !

Ingrats vipereaux, louveteaux Proudhonniens, que nous avions nourris de nos sueurs, de notre bourse, de nos idées, de notre sang, comme le Pélican ; qui coupiez avec nous le *pain de l'amitié et de la fraternité,* ce n'était que pour mieux nous trahir ! — Elevez donc des petites bêtes pour qu'elles vous mangent !

> Laissez leur prendre un pied chez vous,
> Ils en auront bientôt pris quatre !

Mais attendez donc un peu, ô mangeurs, que nous vous mettions sous le nez le *pot au noir.* Et d'abord, pour votre gouverne socialiste, nous allons vous dire le cas que nous faisons et de la popularité et de la reconnaissance populaire.

Prenez donc la peine d'ouvrir le numéro du 15 octobre du *Progrès, revue de Bordeaux,* aux pages 604 et 605, sous la rubrique *nécrologie,* lisez une profession de foi anti-religieuse et profondément Proudhonnienne.

C'était devant une tombe ouverte, et, devant la mort, on se saurait mentir à sa conscience. — Or, voilà entr'autres choses ce que nous disions :

« Le combattant du droit sur la terre, ne compte ni sur
» la *récompense du présent*, ni sur *l'immortalité de l'avenir !*

» De même qu'il porte en lui le droit, tout le droit, il
» porte aussi dans la sanction de sa conscience satisfaite le
» prix le plus élevé qu'il puisse rêver pour ses œuvres.

» Avoir accompli sa tâche ici bas ; avoir fait son devoir
» jusqu'au bout, cela suffit et au-delà et aux exigences de
» sa raison, et aux scrupules de sa conscience, et aux be-
» soins de son cœur.

» Toute autre récompense *serait une duperie, un mensonge,* — ne nous y trompons pas. » — Que dites-vous,
de cette théorie ?

Voilà le cas que nous faisons, au fond, et des délégations en général et de celle de *Lausanne* en particulier.

Notre visée allait quatre pas plus loin que l'Internationale !
Vise au noir et tire au blanc, disent les ventres rouges. —
Si vous étiez *du bâtiment* nous vous conterions cela, mais vous n'êtes pas *du bâtiment !*..... vous qui savez tant d'autres choses !......

Mais en revanche, il est une chose dont nous faisons cas avant tout. — C'est de la justice réciproque, bilatérale, et de la loyauté, de la sincérité de l'échange des idées et des produits de la pensée entre associés. — Et quand nous voyons *faillir et forligner* des justiciers, le *cœur nous fault,*
parce que la justice positive est leur *seule noblesse* désormais, et que la irahir déjà c'est compromettre l'avenir.

Or, 1° Quand entre associés on fait jouer aux uns le rôle de *Râton* tirant les marrons du feu, aux autres celui de *Bertrand* les croquant, comme Victor-Emmanuel à Garibaldi, je suppose ; que d'autres part, il y a sous la plaque du foyer des *jésuites rouges* cachés, ah ! ma foi, nous appelons cela *subtilisation, escamotage, intrigue, déloyauté,* péché au premier chef contre la justice, et alors l'épithète de *Baladin,* au lieu de tomber sur nous, va baller droit sur la tête des meneurs, sur la tête de la *sacrée légion,* au lieu *de la légion sacrée !*.......

2° Quand un président de bureau proposé à l'étude un programme que le délégué se met en train consciencieusement d'étudier, et que le jour de la compétition venu on en

substitue un *autre écourté*, et pour cause.!.... nous disons carrément qu'il y a supercherie, mauvaise foi, abus du travail d'autrui, surtout dans l'idée Proudhonnienne où le salaire doit représenter toute la valour exacte du produit quel qu'il soit, produit de la pensée ou produit de la main.
— Cela s'appelle en argot foubourien *faire voir le tour*, mais en bon français justicier, cela s'appelle *fraude, tromperie*.

3° Quand un compétiteur, quel qu'il soit, se met en concurrence avec un autre compétiteur, tous deux patrons et bourgeois, et que l'on use de plagiat sournoisement pour arriver à son but; tandis qu'avec un peu de loyauté on pouvait dire le fait et le confesser ouvertement, quitte à laisser juge *l'association*, cela s'appelle en charabia *faubourien, carotter*, mais en bon français cela se nomme intrigue, captation !

4° Quand à l'abri d'un mot économique mal défini on cherche frauduleusement à surprendre la religion, la bonne foi d'une assemblée, à compromettre la dignité d'une école, d'un parti, cela s'appelle en charabia de faubourg *ficelle, truc;* en français, évincement, isolation, contre-révolution, réaction.

Surtout quand le dignitaire de cette école a dit en termes très-clairs, et cela en cent endroits, à propos et des garanties sociales à obtenir et des institutions à fonder :

« Maintes fois, depuis vingt ans, j'ai traité ces graves
» questions, toutes et séparément, tantôt sous une vue *d'en-*
» *semble*, mais toujours de préférence dans l'intérêt spécial
» des classes ouvrières. — J'ai cru que les circonstances ne
» permettaient pas que je fisse autrement. — *Les choses ce-*
» *pendant parlaient assez d'elles-mêmes, pour que la petite et*
» *moyenne propriété, la petite et moyenne culture, la petite*
» *et moyenne industrie, comprissent qu'il ne s'agissait guère*
» *moins d'elles que du prolétariat !* »

Est-ce assez clair ? En v'la-t-il assez ! de quel côté sont les *pitres, les baladins, les jongleurs, les escamoteurs ?* que notre dévorant prononce !....... Le public prononcera !......

Ce qu'il y a de plus curieux, c'est d'entendre des *toupétiens* appeler *pillerie* des citations notées, *page à page*, avec soin et scrupule, quand ils sont là une nuée de plagiaires, de fruits secs, incapables de produire une idée! Des *pilleries* au *Courrier*, à Langlois. Ah! pour le coup, c'est fameux.

Certes, nous tenons en très-haute estime Langlois, ainsi que tous les exécuteurs intellectuels de *Proudhon*, mais sâchez donc, ô posticheurs, que nous avons l'habitude d'étudier les maîtres dans les maîtres et non dans les disciples, si brillants soient-ils.

Faute de temps, voilà trois mois que le livre de Langlois flâne sur notre table et pourquoi, le voici :

1° Nous sommes en désaccord avec Langlois sur sa *conscience seconde* que nous n'acceptons pas. Pour nous, la conscience *est une* et ne saurait se scinder malgré l'habileté du penseur.

2° Nous croyons que Langlois aurait mieux fait, au lieu d'une œuvre à longue haleine, qui lui fera perdre, dit-on, matériellement, mais qui le posera moralement dans l'esprit des *Normaliens et des Universitaires*, de se faire, comme on dit, tout à tous, et de travailler pour le peuple par un travail de vulgarisation, divisé en petites études détachées, comme Proudhon en a fait pour la *Justice dans la Révolution*. — Le peuple y eût gagné quelque chose, et peut-être Langlois n'y eût pas perdu !.....

Voilà nos raisons vis-à-vis de notre lenteur à l'étudier.

Rapetisser tout à son niveau, donner aux autres tous les avortements qu'on sent grouiller en soi, voilà le lot des mangeurs de petites bêtes !......

Cela nous rappelle une historiette ; aussi bien, puisque nous sommes en train de rire, rions.

Nous étions alors au collége, enfant. — Il y avait là *des fils de la haute....* et quelques rares plébéiens- ou *fils de paysan*. A l'infirmerie, nous remarquions toujours ces *fils de bourgeois* couverts *d'exutoires*. « *Ils portaient les » fautes de leurs pères*, dit Michelet le mystique dans son » livre de *La mer*. » Ces *fils de Madame* se figuraient naïvement que tous les autres devaient en avoir autant, mais les fils de paysan n'en avaient pas ! Est-ce que les mangeurs de petites bêtes nous prendraient pour des *fils de Madame* ? Allons donc !

Nous autres, riches ou pauvres, nous ne savons pas ce

que c'est que piller ; nous laissons cela aux *Jeans de lettres* (*) *et de mots.*

« *Qui aures habet audiendi audiat !* »

C'est le latin de la cuisine de *l'Homme Gris.* — A bon entendeur, salut.

Or, que les mangeurs sachent une fois pour toutes que toute guerre a pour prétexte une cause futile en apparence, une belle Hélène quelconque, et au fond une grande cause, la prédominance de l'Asie sur l'Europe, le paletot de Menschikoff, la clef des lieux...... saints, en réalité la prédominence de la Russie en Orient, le pan-slavisme ! Le soufflet du dey d'Alger à l'ambassadeur de France — Refoulement de la barbarie algérienne !..... Demandez aux Bismark ce qu'ils pensent du Schleswig et des querelles d'allemand. Prédominance de la Prusse sur l'Allemagne.— *Acide Prussique !*

Il suffit de l'interprétation fausse d'une catégorie sociale, pour éterniser des luttes de classes et amener à éclosion des *Quarts-Etats* quand il s'agit de rayer du cadre du progrès le Tiers-Etat !....... et l'Etat-Gouvernement.

A quoi bon dire de ces choses à des *têtes sans queues*, à des crânes de carton vernissé comme la tête de l'ours de *Lagingeole,* dans *l'Ours et le Pacha.* — Ils feront ou les sourds ou les idiots à volonté. — Ça ne leur est pas difficile. — La nature parle !.....

Ce qu'ils ont vu là-dedans, dans leur myopie, le voici :— *Risum teneatis.* Allons pitres à longues oreilles ! Tenez votre ventre !

Il y avait une fois............. — c'est toujours ainsi que ça commence, chez les Gaulois nos pères, — Il y avait une fois trois bossus d'accident, tous trois fabriciens et marguilliers de leur paroisse. — C'était toujours leur tour de chanter et d'entonner. Un soir de Noël, qu'ils avaient dévoré force cantiques, les voilà arrivés au fameux cantique des Trois Mages :

Nous sommes trois souverains princes.
Nous sommes trois } souverains princes.
Nous sommes trois }

(*) Gent-de-lettres.

Tout-à-coup, une voix se fait entendre : « *Silence ! quand vous seriez quatre !* » Quelle était cette voix ? Cette voix était celle d'un *bossu de naissance* dont la bosse allait bien au-delà de celle de ses confrères. Impatienté de les voir entonner à faux, il avait cru les remettre dans le ton, et l'assistance de rire aux dépens des trois bossus....

Dans ces temps de bosse Proudhonnienne, il est bon de donner le ton aux gibbosités de la marguillerie Prodhonnienne.

Sans cela que devenir, grands Dieux !

Continuons :

Comme la *mère Michel* qu'a perdu son chat, le mangeur de bêtes se désole sur *le pauvre Vermorel*.

> Ne pleurez pas, Mer' Michel,
> On vous rendra Vermorel !...

— Les avocats sont de race féline, ça a *neuf vies*. Et puis, quand ça tombe d'un cinquième, ça tombe toujours sur les pattes.

Dieu nous garde de reprocher à un avocat quelconque ses entrechats ; nous parlons de ces choses-là quand on veut faire croire au public Souriquois et Iroquois qu'on appartient à une école *dès le ventre de sa mère*, et qu'on se montre par trop partial ou injuste envers des Proudhonniens !..... de vieille roche !....,

> Cet animal est si méchant,
> Quand on l'attaque il se défend.

Du diable si nous avons l'intention d'accuser les gambades, les pirouettes de tous les avocats de la terre ! — Nous les connaissons trop de vieille date ; nous savons bien que par grâces d'état, cela saute, comme Paillasse, pour tout le monde.

Voyez plutôt Jules Favre sautant et pour la veuve Fieffé. — une fieffée veuve !.... Et pour les quatre banquiers.... Ce qui est bien plus fort, ma foi, que le vinaigre des quatre voleurs !..,.

> *Ce maraud ose-t-il ainsi parler des dieux !*

Qu'y faire ? Les dieux s'en vont, c'est Lucien, le Voltaire du paganisme, qui a dit cela, il y a deux mille ans ; et cependant c'est toujours neuf !

Mais les bêtes restent !........... Oh ! cela est le plus récent. — C'est M. De Laprade qui l'a dit en vers, pardieu ! dans une querelle académique, et entre académiciens *on se connaît et on s'y connaît*.

Et puis quand on attaque une classe dans sa moralité, et que, cela faisant, on risque de faire faire fausse route à une école, reste à un Proudhonnien intelligent de relever le poteau indicateur et de montrer le brevet de moralité que Proudhon lui-même donnait à cette classe en ces termes, page 313, *Création de l'ordre dans l'humanité* :

« On a remarqué souvent que la Classe-Moyenne, celle
» qui a une certaine aisance, jointe à l'exercice de profes-
» sions les plus actives, était partout la mieux réglée dans ses
» mœurs la plus féconde en hautes capacités. »

Somme toute, il ne s'agissait donc pas en cela d'individualités plus ou moins saillantes, mais bien de collectivités petites ou grandes faisant l'objet d'une discussion portant sur la *moralité Française* comparée à la *moralité Américaine*.

Et, à ce propos, vous nous appelez *vieux Buzon jeune*.
— Quand les babys sociaux s'amusent, les nourrices gouvernementales ont bon temps.

Et, chose bizarre, ce qualificatif accolé à un nom propre, amusait Proudhon aussi, de son vivant, mais voici comme :

Parmi les échenilleurs, les houspilleurs ordinaires de Proudhon, se trouvait M. Sarrans jeune (dit Nicolas). — Paraît *La Paix et la Guerre*. — Le Sarrans jeune arrive à la rescousse. — Alors Proudhon, me contant ses amertumes au sujet des mangeurs de petites bêtes acharnés sur lui, riait du mot *jeune* accolé à son nom. — Pourquoi ? ah ! vous ne vous en doutez guère !.....

Accoler ce mot au nom d'un lettré de profession, c'est faire acte de fatuité, d'impertinence anti-fraternitaire. — Mais accoler ce mot au nom d'un commerçant de profession c'est, vu la responsabilité individuelle, faire acte de loyauté........

Comprenez-vous, maintenant !..... vieillots !.....

Vous parlez de nos sauteries à la barrière. — Tiens, est-ce que nous avons jamais eu l'intention ni la haute prétention d'entrer dans les corporations libérales, d'être *Robins* ou *Basochiens*. Nous connaissons trop bien la fable du chien et du loup. Eh ! bien, là, prenez en note, nous ne regrettons qu'une chose, c'est de ne pouvoir sauter encore à la barrière.

En ce temps-là, même dans les jambes des danseurs, il y avait quelque chose, et aujourd'hui il n'y a plus rien, même dans la tête. — *Sic transit* !....

Voyez plutôt, *ô jeunes vieillots*, vous n'avez pas su même vous trouver un titre frais et nouveau, comme le *Caniche de lettres*, ou *le Croquemiton*, ou *le Mange-puces !*

Autrefois, *souvenez-vous en ! souvenez-vous en !* l'*Homme Gris* faisait de l'opposition plus ou moins égrillarde et gaillarde ; mais c'était un vrai mâle, avec tous les insignes de la *masculinité*. — Mais vous, que l'on a émasculé, des moitiés de penseurs, des quarts de philosophes, et qui, de gaieté de cœur acceptez pareil métier !!! — Que dire de ces têtes sans......

Sous le régime de la liberté (même de Juillet), la petite presse avait sa raison d'être. — Suivant son tempérament, on se casait dans la petite ou dans la grande ; affaire d'aptitude, de temps, d'attitude, et voilà tout....

De nos jours, même la grande presse, quoique subissant les entraves légales, et en dépit de ces entraves, la grande presse se comprend. — Elle, du moins, peut toucher à tout. — Question de bonheur, d'habileté, de langue, de savoir-faire ; mais vous à qui on a coupé, vous savez quoi, vous vous trouvez un beau jour n'avoir *ni tête ni queue ;* ce qui est bien pire que *l'homme sans tête*.

On voit bien que vous n'avez pas suffisamment réfléchi à cette situation dégradante, !*minorisée*, sans cela vous eussiez répugné à l'accepter !..........

Nous autres, gens sans tête, nous réfléchissons avant d'agir, mais vous, allons donc ! — Voyez plutôt.

Vous vous faites appeler citoyens ! et vous m'appelez citoyen ; je connais nombre de dadais, se qualifiant de ce titre, qui dans une chambre, qui dans une lettre, titre usurpé aujourd'hui, — ce titre le plus beau du monde, le réceptacle de tous les droits et qui faisait tressaillir l'âme de nos pères jusque dans la dernière fibre !........

Le plus curieux de la chose, c'est que ces dadais, plus forts que les Augures Romains, se regardent sans rire et s'imaginent faire de la politique...... pareils à ces mioches qui se font peur du loup à eux-mêmes !......

Encore une fois, têtes de carton, il n'y a pas de citoyens à l'heure qu'il est, il n'y a que des *sujets*; des sujets réfractaires comme nous, à l'état d'insurgence continue et permanente au nom du droit et de la raison, et des sujets soumis, amoindris comme vous, acceptant toutes les castrations gouvernementales de gaieté de corps, de cœur et d'esprit.

Voilà le fait dans sa brutalité. Et dire qu'il faut expliquer ces choses-là à de *jeunes vieillots* qui s'ébaubissent d'un *scorpion de mer* qu'ils pourraient voir à Arcachon un jour de goguette, à *l'aquarium*, — comme si, mangeurs de petites bêtes vivantes, ils ne devraient pas s'y connaître ; comme s'ils ne doivent pas en cracher, en moucher, en vomir, ainsi que certains pauvres patients à qui en voulaient certaines fées du moyen-âge.

Et Luther lui-même, à la diète Worms, ne disait-il pas que le Pape mouchait, crachait, vomissait des *diables* !

Et en effet, voyez l'inconséquence. Il y a cinq ou six ans de cela, un phénomène bestial, non classé encore, se produisit... Du temps d'Auguste on avait entendu parler des bêtes..... Michelet lui-même, dans la *Sorcière*, a entendu par l'ouïe des zouaves (quelques Jacob sans doute), les *palmiers* sanglotter sous leur cognée palmicide ; mais jamais on n'avait entendu parler les chiens.......

Or, c'était au temps de leur fixation fiscale, de leur immatriculation. Dans une requête chantée, ces messieurs crurent par déférence refuser le titre de citoyens !.....

<blockquote>
Nous sommes des chiens,
Nous sommes des chiens,
Nous ne sommes pas des citoyens!
</blockquote>

Quelle leçon de la part de ces caniches de poil, aux caniches de plume !

Ah ! Charlet, encore un *vieux toujours jeune celui-là*, avait bien raison quand il disait :

« Ce qu'il y a de mieux dans l'homme, c'est le chien !.. »

D'où vient donc cette infériorité actuelle de la race humaine à la race canine ? — Grosse question ; mais voilà la chose selon nous.

Dans la malheureuse éducation que l'on subit dans les universités, dans les normales, ces *séminaires du déisme* (péril social), c'est-à-dire de l'hypocrisie, on bourre un adulte de mysticité, de spiritualité, et le temporel, sous prétexte de matérialisme, est laissé de côté.

On fabrique là des ennuques d'esprits, des ennuques de corps, à tant la douzaine, et tous coulés dans la même matrice, dans le même moule.

Or, à force de pruderies, [de jésuitisme laïque, le pire de tous, on ne songe pas à étendre le mouvement industriel, à en dégager la philosophie pour que les jeunes lauréats puissent se caser avec assez de facilité et suivant leurs aptitudes rationnelles.

L'ascète du travail pensé est connu dans les écoles, mais *l'ascète du travail manuel ne l'est pas encore;* de là des fabriques d'aristocrates, de libertaires, de déclassés. — Il y a du trop plein dans toutes les professions libérales..... Et du trop vide dans les professions manuelles.

Et le pain est cher !

Et la terre a tant besoin de bras !....

Or, cela fait, voilà ce qui se passe : — il faut revomir cette éducation ou étouffer.

L'adulte sort de l'école. — Voici le colloque du père et du fils :

« Mon fils, que sais tu faire ? —

« Papa, *tout et rien;* je suis *fort en thême et fort en cata-* » *chrèse.* » C'est ce que le spirituel A. Karr à parfaitement mis en saillie dans son livre de *Fort en Thême.*

L'interrogatoire continue : —

« A quoi es-tu propre, fillot ? —

« Papa, propre à tout. » Ce propre à tout signifie proprement un *propre à rien.* — Crac ! voilà un déclassé de plus.

Le père essaie du barreau. — Échec ! — Essaie du négoce. — Mat. — Essaie du notariat. — Pat ! — Essaie du chemin de fer. — Ah ! ouiche. — Essaie de la photographie, — ce refuge des pieds-plats, — Fruit sec et resec ! — Et alors où vont donc tous ces déclassés. — Vous le demandez ? On se met trois, quatre, et on prend un carré de papier. — Quel nom donner d'abord ? — Le Tourne-Broche, le Fricoteur, le Banalien, la Sérinette, le Gratte-Papier ! et voilà nos déclassés plumistes, par disgrâce d'état.

Demandez à Titi le faubourien ce qu'il pense de tous ces

mange-plumes ou mange-bêtes, de ces *forts en thême,* devenus, en politique, *forts d'Israël.* Titi le faubourien vous répondra en *Fort de la Halle,* en massacreur de grammaire, *fffaignants* (*), *propres à rien, mange-pain-gagné !*

Voilà la physiologie des déclassés pris sur la vivisection.

Donc les voilà partis. — Ils n'inventeront pas la poudre du moine Bacon ni le fulminate ; mais ils inventeront la *poudre à niais, la poudre aux moineaux, la poudre aux yeux !...* on voit bien que ça a désappris à porter la blouse du faubourien. Chez nous on dit : — *Ils ne mangeront pas le goudron, ces fahichiens de plumes !*......

Entr'autres balourdises et lourdeurs épaisses comme les paturons d'un pachiderme, ils vous diront avec un toupet à quatre étages d'un crétin à quatre brisques, que commerçant *n'est pas producteur,* sans avoir jamais ouvert un livre d'économie politique ! Eh ! bien, pour leur gouverne, renvoyons-les à Proudhon, page 272, *Création de l'ordre dans l'humanité,* à la note du bas :

« Say remarque d'abord que produire, c'est, par rapport à
» l'homme, donner une nouvelle façon à la matière... Puis
» il montre que la façon donnée par l'homme se compose
» d'une multitude d'opérations successives : — Extraction,
» labour, récolte, filature, transport, hébergeage, *distribu-*
» *tion, répartition.* » Et le toupet continuant on dit à un adversaire :

« C'est ainsi que vous appelez producteur le boutiquier
» et le commerçant, ce qui tendrait à établir *qu'en aunant*
» *de la toile,* par exemple, *vous produisez du calicot. —*
» C'est ainsi que vous prétendez que M. Dupont est mar-
» chand d'instruments de musique à Londres, lui qui disait
» en quittant Lausanne : Je crains bien qu'en rentrant mon
» patron me f... à la porte. »

Eh ! mâchoire à 64 dents, qui donc vous dit cette bêtise. — La question est celle-ci : M. Dupont est-il producteur manuel oui ou non ? Employé ou patron, il est producteur *non-manuel,* c'est-à-dire indirect, ni plus ni moins que nous !

En aunant de la toile, nous faisons de la *distribution,*

(*) **Fainéants.**

de la *répartition,* niais ! et ainsi, par cette fonction travailleuse, nous ajoutons à la production, à la richesse nationale.

Ouvrez encore, si la paresse ne vous ronge pas trop, le *Manuel des spéculateurs à la Bourse,* [5ᵐᵉ édition de 1857, par *Proudhon* et *Duchêne,* et lisez page 4 :

« Main-d'œuvre, transports, commerce, entreprises,
« prêts ou commandites, opérations de change et d'es-
» compte, sont autant de formes diverses du même fait
» économique, *la production.* — Est ce clair ? »

Que la production, dans ces séries ou catégories diverses soit viciée, entâchée de fraude, d'usure, de réduplication parasite, de cumuls ; qu'il y ait lieu à une réduction de ces opérations, à leur simplification au point de vue des frais généraux et du produit net — qui dans la pratique socialiste ne doit pas se distinguer du produit brut — soit par voie d'association, de coopération, de mutuellisme, de garantie créditaire. — Ce sont d'autres questions que personne ne nie et qui forment la base de la lutte actuelle. — Mais encore une fois, ce sont là des producteurs. — Un peu de bonne foi, — un peu de pudeur, s'il vous plaît ?

Et puisqu'il faut vous faire toucher du doigt la chose, et puisque vous ne savez pas ou ne voulez pas savoir ce que le mot *produit* renferme dans son ampleur synthétique, il se passe actuellement un fait qui vous l'apprendra :

La *Coopérative de boulangerie,* à Bordeaux, a de la peine à marcher ; une des entraves principales est celle-ci :

Vu l'éloignement si varié des consommateurs-sociétaires, il faut, à bras ou par véhicules, trouver des distributeurs, des répartiteurs, au taux le plus économique. Or, le salarié ou l'associé à qui échéra cette fonction productrice la fera-t-il pour les beaux yeux des sociétaires ou pour le roi de Prusse. — Oui ou non ?

Si c'est non ! eh ! bien, rendez-vous à la société et tirez lui cette épine du pied, comme Androclès au lion. — Ça vaudra mieux que de débiter des effronteries dans un carré de papier.

Et une fois ce travail fait, le répartiteur aura-t-il fait du *pain avec ses roues* ou son camion, comme vous dites si sottement. Qu'aura-t-il fait alors ? il aura ajouté par sa fonction distributive et répartitive à l'échange, à la production, à la richesse nationale. — Ce sera à la société coopérative, par son savoir-faire, ses combinaisons mutuellistes et créditaires à égaliser l'échange, à le valoriser au taux le plus approximatif. Affaire d'expérimentation, de tâtonnement et d'études, de redressement.

Autre exemple : — Le coureur d'un atelier de tailleurs. — Ce travailleur, pour toute besogne, va, vient et distribue à chaque client la commande faite. — Voudra-t-il désormais la faire pour rien cette besogne ? Ou bien fait-il pour cela *des habits avec ses pieds ?*

Après tout ça se pourrait. — On cite à Lille un peintre de talent, un manchot des deux bras, exécutant avec les pieds des tableaux excellents !

Quoi donc faire désormais vis-à-vis de ces travailleurs trop spécialisés. C'est bien simple. — Noyer leur emploi dans l'association et les rendre propres à tout par un apprentissage polytechnique. Voilà ce que le socialisme Proudhonnien aura à faire vis-à-vis d'eux !....

Est-il possible d'être obligé d'expliquer cela par le menu à des échenilleurs de petites bêtes, qui devraient se nourrir un peu moins de cette pâture stupide et un peu plus d'idées.

« Malthus, ajoute la *pécore mangeuse,* n'a fait que dénon-
» cer le défaut d'équilibre existant naturellement entre la
» production et la génération. »

Ah ! vraiment, Malthus s'est borné à cela. — Attendez un peu ! — Voilà ce que vous ne trouverez ni dans *le Courrier,* ni dans Langlois, mais que vous trouverez dans Blanqui aîné, de l'Institut, *Histoire de l'économie politique,* page 123 :

« Cette doctrine se présente avec le caractère inflexible
» et absolu de la fatalité. — L'auteur (Malthus) s'est dis-
» pensé de précautions oratoires ; il établit sans sourciller,
» comme un fait évident, continuel, nécessaire, que l'espèce
» humaine obéit aveuglément à la loi de multiplication indé-
» finie, tandis que les subsistances qui la font vivre ne se
» multiplient pas avec elle dans les mêmes proportions. —
» Ce fait lui paraît tellement démontré, qu'il ne craint pas
» de le formuler comme un axiome de mathématiques, et
» il affirme que les hommes s'accroissent en progression
» géométrique, et les vivres en progression arithmétique. Il

» arriverait donc un moment où les provisions seraient in-
» suffisantes pour les voyageurs, si ces sinistres correctifs
» qu'on appelle les maladies, la misère, la mort, n'interve-
» naient régulièrement pour rétablir l'équilibre. *Malthus*
» *prononçait cette sentence des malheureux en termes inhu-*
» *mains :* « *Un homme qui naît dans un monde déjà occupé,*
» disait-il, *si sa famille n'a pas les moyens de le nourrir ou*
» *si la société n'a pas besoin de son travail,* cet homme n'a
» pas le moindre droit à réclamer une portion quelconque
» de nourriture, et *il est réellement de trop sur la terre.* Au
» grand banquet de la nature, il n'y a pas de couvert mis
» pour lui. — *La nature lui commande de s'en aller ;* et elle
» ne tarde pas à mettre elle-même cet ordre à exécution.

» Voilà quel est le fond de la doctrine de Malthus sur la
» population.

» *Ce passage cruel a été supprimé par Malthus dans les*
» *dernières éditions de son livre ; mais l'esprit de sa doc-*
» *trine n'y est pas moins résumé avec une énergique vérité ;*
» *et c'était la doctrine plutôt que le langage qu'il fallait mo-*
» *difier !....* »

Or, Proudhon ignorant cette supression a dû s'arrêter à la contrainte morale et combattre la contrainte physique, digne conséquence prônée par l'économe officiel ; car d'une part il nous dit, page 335 :

« La répression de l'amour, la famine du cœur, fut oppo-
» sée, par Malthus, à la famine de l'estomac, c'est ce que
» dans son chaste langage, il appelle contrainte morale par
» opposition à toutes les formes de contrainte physique,
» homicide ou obcène qu'il rejetait. »

Et plus bas, ne se trompant nullement sur les conséquen-
ces de cette doctrine, il nous dit encore en termes formels et pleins de brutalité sévère :

« Désormais le municipal offrira au peuple pour symbole
» du devoir domestique l'instrument préservatif qui n'a de
» nom qu'en économie politique et dans l'argot des maisons
» de tolérance..... Infamie !.....»

Et on appelle cela *Loi Naturelle*, là-bas, à la maison de tolérance de *l'Homme Gris*. — Elle est propre, la Loi Naturelle !.... La bible l'appelle avec horreur — *Le crime d'O-
nan !.....*

Outre sa double loi de la progression géométrique des naissances contre la progression mathématique des subsistances battue en brèche par Proudhon, voilà ce que, dans le monde intellectuel, dans le monde socialiste, on appelle avec raison : — *Loi de Malthus.*

C'est une paternité bien et dûment acquise au philanthrope anglais, et que l'usage a consacrée.

Voilà ce que vous aviez à dire et ce dont vous vous êtes bien gardé dans votre mauvaise foi !

Il y a mieux, cette opinion a tellement passé dans le sang, on peut dire, qu'il n'est pas chroniqueur qui ne la cite à tout propos.

Ainsi, ouvrons *la Gironde* du 8 novembre ; au bulletin judiciaire nous lisons :

La cour d'assises de la Drôme, dans son audience du 31 octobre, vient de juger un accusé qui avouait avoir brûlé un pauvre enfant de sept mois en mettant le feu à son berceau et à ses vêtements. L'assassin était le père même de l'enfant.

« Depuis longtemps, a-t-il dit, j'avais résolu la mort de
» mon dernier enfant. En cela, ajouta-t-il, je n'avais eu
» d'autre *but que de diminuer mes charges......* Voyant ma
» femme enceinte, j'avais été effrayé et j'avais craint de ne
» pouvoir subvenir aux charges de ma famille. »

Ce n'est pas sans quelque étonnement (ajoute le chroniqueur judiciaire) qu'on constate *ces préoccupations Malthusiennes* au fond des campagnes, dans cette riche contrée du Dauphiné, qui semble assez féconde pour nourrir tous ses enfants.

C'est que, quant au fond, chez ce monde de simiens grouillant, il y a un salmis, une olla-podrida de *clichés pillés* à tout le monde, par la raison bien simple que l'on serait fort en peine d'avoir et des idées et du fond et de la couleur, toutes choses refusées aux enfants de la banalité, de la médiocrité, dont le symbole vivant est un robinet d'eau tiède ou un clysoir d'eau de vaisselle à jet continu, en sautoir avec une plume !

Cependant, comme dans tout fumier d'Ennius il peut se trouver des perles, force nous est de les ramasser ne fût-ce que pour la dignité de l'école que nous représentons malgré notre chétivité.

Ce factum, dites-vous, ô rongeurs, fourmille d'erreurs de droit.—Voyons un peu, nous avions dit, page 32 : *Le travail est le générateur du droit.* Et en effet, Proudhon, page 123 *(De la Justice dans la Révolution et dans l'Église),* dit :

« Ainsi, le droit écrit dans les entrailles de l'homme se
» constitue par la liberté. » Et il pouvait ajouter se détermine, s'incarne, s'extériorise par le travail, dans le travail !

L'homme, second créateur après Dieu, en révélant sa personnalité, ses forces individuelles, jette d'abord son idée, puis réalise cette idée par une forme donnée à la matière, de là son droit individuel.

Mais la société, à son tour, par son travail collectif, révèle une personnalité supérieure par son travail supérieur ; de là le droit collectif ; — de là aussi le socialisme présent opposé à l'individualisme du passé.

Voilà le résumé de la proposition avancée par nous et que nous nous chargeons de développer au besoin quand on voudra.

Nous avions dit que le jacobinisme américain avait foulé aux pieds le droit fédéral. Nous le maintenons.

Est-ce que par hasard vous seriez unitaire en Amérique et fédéralistes en Europe? Seriez-vous donc comme le Jupiter des latins éffrontés et affrontés (*) pour nous servir d'un terme héraldique. — Ou bien, comme ces dieux de l'Inde à quatre têtes et à quatre bras ! — Nous avions dit que l'américain de nos jours *marchait sur le velours*, pour parler faubourien ; que plus tard, à son tour, il marcherait sur les épines des vieilles civilisations.

Nous le maintenons et nous le prouverons si besoin est.

Mais ce n'est pas là ce qui vous taquine, je le vois bien ; l'accusation porte plus haut. C'est du droit de propriété dont il s'agit au fond ! O Diogène ! à travers le velu de ta peau, à travers les trous de tes loques, je vois l'ulcère de l'envie qui ronge ton cœur, et ce n'est pas beau, ma foi ! Aussi bien, puisque vous voulez le savoir, le droit de propriété, voilà ce qu'il est pour nous Proudhonniens. Lisez, page 331, *Création de l'ordre dans l'humanité* :

« La source du droit est la science de *la distribution des*

(*) **Affronté**, en terme de blason, signifie à deux têtes.

» *instruments de travail et de la répartition des produits.—*
» C'est là qu'on peut voir comment par le fait du salaire et
» de l'échange, double expression de la division du travail
» et de la force collective, la production est socialisée, la
» solidarité universelle fondée, la garantie mutuelle créée, la
» justice assise sur une base inébranlable, et l'égalité hors
» d'atteinte.

» Cette division fondamentale du droit se trouve déjà
» indiquée dans le code sous le nom de meubles et immeu-
» bles, correspondant assez exactement à la transformation
» binaire de l'idée de travail en instruments et prêts nets,
» capital fixe et capital circulant ; production et consomma-
» tion. »

En quoi donc y a-t-il lieu de trouver extraordinaire qu'un socialiste soit ou non propriétaire dans l'ordre des choses actuel (en supposant que cela soit); est-ce que tout socialiste a mission de réformation positive à lui seul, alors que la réforme ne peut être que la résultante de la collectivité sociale. Le résultat de ce que dans l'école on nomme socialisme par opposition à la pratique de l'individualisme du présent et du passé !.... Crétins !....

Quoi, c'est après la magnifique étude de Proudhon, *la Théorie de la propriété*, qui met à jour, sous une lumière nouvelle, son idée dernière, et donne la clé de sa fameuse formule, *la propriété c'est le vol*, que vous osez, ignorants, parler ainsi ? — Mais la propriété *humanisée justifiée*, dégagée de la gangue de l'usure capitaliste, purifiée de l'ulcère de la valeur anarchique, est le plus haut titre de gloire de la liberté humaine. C'est la plus haute des fonctions promises à l'humanité sous la quadruple activité de fonction civique, fonction politique, fonction administrative, fonction juridique ; elle est plus que cela. — De même que ce privilége exorbitant, ce droit monstrueux fut dans les âges antérieurs un instrument de perdition, il doit, dans l'avenir, être pour nous le gage de notre rédemption, de notre sanctification, si l'on peut dire. — C'est là précisément ce qu'a voulu vous indiquer Proudhon en mettant son livre sous le patronage de cet épigraphe si noble : — *Sancta-Sanctis.—* Tout devient juste entre les mains des justes !...

Oui, par patrimoine nous *sommes propriétaire allodial et*

justicier, et longtemps avant Proudhon lui-même, nous avions, d'instinct, d'intuition, deviné (quelqu'un a dit on ne sait bien que ce que l'on devine), et en cela nous avions été voyant, nous avions deviné ce que renferme de puissamment civilisateur *cette haute fonctionalité* dont la portée juridique échappe à vos sens obturés.

Être propriétaire, sachez le bien, c'est être révolutionnaire au premier chef, au plus haut degré. — C'est être un état dans l'Etat !....... — Écoutez Proudhon, page 208 :

« La propriété, si on la saisit à l'origine, est un principe
» vicieux en soi et anti-social ; mais destinée à devenir par
» *sa généralisation même* et par le concours d'autres insti-
» tutions, *le pivot et le grand ressort de tout le système so-
» cial.* »

Page 218 : « Or la théorie que je vous propose a pour but
» de vous montrer comment, si vous le voulez bien, *aucune
» révolution n'arrivera plus*. Il s'agit simplement, pour les
» *non-propriétaires, de leur faciliter les moyens d'arriver
» à la propriété* ; et pour les propriétaires, de mieux remplir
» leurs devoirs envers le gouvernement. — Prenez garde ! »

Page 228 : « La propriété allodiale est un démembrement
» de la souveraineté ; à ce titre, elle est particulièrement
» odieuse au pouvoir et à la démocratie. — Elle est odieuse
» au premier en raison de son omnipotence ; elle est l'ad-
» versaire de l'autocratie, comme la liberté l'est de l'auto-
» rité ; elle ne plaît point aux démocrates tous enfièvrés
» *d'unité, de centralisation, d'absolutisme.* — Le peuple est
» gai quand il voit faire la guerre aux propriétaires. — *Et
» pourtant l'alleu est la base de la révolution et de la répu-
» blique......* » Comprenez-vous, maintenant !.....

Tenez, je sens malgré moi que je voudrais vous citer tout au long cet hymne sublime à la liberté, comme n'en dictèrent en aucun temps, ni un Montesquieu, ni un Bossuet ; non jamais l'inspiration d'un homme ne s'éleva si pure et si haut !...

Je voudrais avec un coin enfoncer cela dans votre pauvre cervelle, dans votre âme endurcie ; mais avant de lire ou plutôt méditer ces pages dignes des plus hauts lyriques, il faut, pareils aux musulmans, au seuil de la mosquée et purifier son corps et laver ses mains ! faire ses trois ablutions !...... L'avez-vous fait ?

Que de fois donc, il y a plus de dix ans, un des premiers, nous avons tonné contre cet attentat à la propriété que l'on nomme aujourd'hui expropriation pour cause d'utilité publique ou lieu de *nécessité publique*, comme disaient nos pères, mais nous avons en vain mendié un imprimeur. — Nos mains sont pleines de pages violentes à ce sujet et notre voix s'est perdue dans le vent du siècle et *l'haussmanisation*, c'est-à-dire le communisme appliqué, a été son train. — Et les niais et les pervers ont applaudi !

Il ne suffit pas de vouloir, en ce monde, il faut pouvoir !

Voilà ce que nous avons dû penser de la propriété quant à la théorie. — Ce que nous avons su faire quant à la pratique, le voici : — Citons encore Proudhon, page 204. — Avec celui-là vous serez toujours battus :

« Oh ! le christianisme a bien jugé la propriété ; il l'a
» exclue du royaume des cieux : ceux-là seuls, a-t-il dit,
» parmi les propriétaires, seront sauvés, qui pratiquent le
» détachement du cœur et sont plutôt les gardiens et les
» dispensateurs de leur fortune que ses consommateurs. —
» Heureux les pauvres d'esprit parce que le royaume des
» cieux est à eux. »

Eh ! bien, faut-il vous le dire ? — Nous avons été un de ces pauvres d'esprit. — Qui sait, peut-être trop !

Encore un mot à ce sujet, et je finis, toujours avec mon maître, page 246 :

« Oh ! je suis resté en cela de la religion du Christ, qui
» recommande le détachement, prêche la modestie, la sim-
» plicité d'âme et la pauvreté du cœur. — Arrière, le vieux
» patricien impitoyable et avare ; arrière le baron insolent,
» le bourgeois cupide et le dur paysan *(durus orator)* ; ce
» monde m'est odieux ; je ne puis l'aimer ni le voir. — Si
» jamais je me trouve propriétaire, je ferai en sorte que
» Dieu et les hommes, *les pauvres surtout, me le pardon-*
» *nent* !..... »

.......Que vous dirais-je encore. — Nous avons été un de ces simples dont parle Proudhon. — Dès l'enfance, nous l'avons pratiquée cette simplicité. Qui sait si nous pourrons la pratiquer encore !

Dites maintenant si jamais en aucun temps, en aucun lieu, un homme s'éleva à pareil lyrisme, et l'on peut dire avec vérité : Proudhon, notre maître, a été l'Isaïe de la propriété !...... et vous en êtes les *Triboulets*.

Mais non, toutes ces choses se *brouillent, se croisent dans le cerveau* de nos Athos, de nos Porthos, ou plutôt non, il y a nuit, et cette nuit de l'esprit résulte de la nuit de leur conscience. — Ils manquent du sixième sens, le *sens moral*, voilà pourquoi il leur est interdit à jamais de comprendre Proudhon ! le Juste du xixme siècle.

« Purifiez votre cœur comme un temple » disait Mme de Staël dans son livre de l'Allemagne « et l'ange des nobles » pensées y apparaîtra !........ »

« Lumière de la conscience c'est lumière de la raison » a dit encore Proudhon *Théorie du Progrès*.

Seriez-vous donc plus papiste que le Pape, plus royaliste que le Roi ! En vérité, vous avez beau jeu, quand on montre tant de crasse ignorance jointe à tant de mauvaise foi !

Ce qui distingue enfin la jurisprudence officielle de nos avocats économiques et routiniers d'avec celle des socialistes Proudhonniens, c'est que le droit *d'us et d'abus*, reconnu par le droit français qui en a hérité du droit romain, est rejeté par ces derniers.

User de la propriété sans des garanties de bilatéralité, de réciprocité mutuelliste, de valorisation des produits, autrement dit le droit d'usage *sanctifié*, au lieu du droit d'abusage, voilà ce qui subsiste seul dans le noble champ ouvert à nos juristes socialistes. — De là le devoir de fonder le droit économique, le *droit dans les choses*, le droit moderne, droit auquel ni Girondins ni Jacobins de 89 ou de 93 n'avaient seulement songé, vu que les temps n'étaient pas mûrs, et que tout droit nouveau ou amendé demande une civilisation nouvelle. — A nouvelle matière, outil nouveau.

C'est précisément ce que réclamait Proudhon quand il disait, page 129, 6me étude, *De la Justice dans la Révolution et dans l'Église*, édition Belge :

« Le droit, dis-je, entre l'apprenti et la corporation re-
» présentant pour lui de la société, entre l'ouvrier et le pa-
» tron, entre le salarié et la compagnie à millions, le droit
» quel est-il ? Où est-il ? Qui l'a défini ? Comment se fait-il
» que la question de droit, en ce qui concerne le travail,

» soit la seule que la philanthropie oublie de poser, comme
» si elle en avait peur ? »

Mais, je m'aperçois que je fais encore du pathos et du cathos et c'est du Porthos que réclament nos petits-crevés quadrumanes.

Mais je m'aperçois en outre que je suis dupe en m'époumonant à vous convaincre : on ne fait pas boire un solipède qui n'a pas soif, c'est connu ; c'est bien à vous que l'on peut appliquer les paroles du psalmiste : — « *Ils ont des yeux et* » *ne voient pas, des oreilles et n'entendent pas,* etc., etc. » Et dire que ces sourds-muets de parti-pris invitent dans leur devise les autres à entendre. — Quel toupet !

Voilà ce que l'on peut vous dire et que vous entendriez peut-être si vous n'étiez occupés de tant de petites bêtes qui vous dévorent vous-mêmes sans vous en apercevoir, comme les trichines dévorent le porc tout vivant.

Ces hautes simplesses, nous le jurons, ne se trouvent pas dans le *Courrier*, tant s'en faut ; mais en passant voici une de celles qui y brillent. — Nos solipèdes vont avoir de quoi rire encore un brin.

Le Vermorel du *Courrier est ceinturé* (*) par le Janicot de la *Gazette de France*, numéro du 13 novembre.

Qu'est-ce que le pouvoir temporel ? Qu'est-ce que le pouvoir spirituel ? ou plutôt que sont-ils l'un sans l'autre ? — Pour la centième fois, dis-le nous donc, ô satané Proudhonnien ! Crie à tue-tête le Jeanicot. — C'est toujours la fameuse sortie du curé en chaire cognant sur son bonnet.

— *Répondra-tu Voltaire ?*

Et l'avocat de sauter à droite, de sauter à gauche. — Mais pas si pecque de répondre carrément suivant la pente.

Et alors on lâche aux solipèdes Proudhonniens la fameuse pétarade ou ruade de la fameuse séparation du temporel d'avec le spirituel. — Et les solipèdes de braire en chœur à mâchoire que veux-tu ?

Mais avec quoi ça se sépare-t-il donc ce spirituel d'avec le temporel. Sais-tu toi, *flambeau !* — Je le crois parbleu bien. Ça se sépare, vois-tu, avec la planche, la fameuse planche de *Jean*. — Quand il y avait orage, Jean posait la

---

(*) *Ceinturé,* **terme de faubourien.**

planche.— Quand il y avait embellie, Jean levait la planche !

Et puis quand nous allions à la primaire, tu sais ce que nous disait le coco :

— Bibi ! vois-tu pas dans le ciel la ligne de l'écliptique ?
— Vois pas... moi !...
— Mais puisque il y a un écliptique.
— Ah ! oui dans le livre, mais là bas, vois pas... moi !...
— Bibi ! vois-tu pas la ligne de l'équateur sur la terre ?
— Vois pas... moi !...
— Mais puisque il y a un équateur.
— Ah ! oui dans le livre, mais là-bas, vois pas... moi !...
— Tais-toi Bibi, tu ne sera jamais qu'un solipède, — fils de solipède. — Du pain sec pour t'apprendre.

O faiseurs ! ô charlatans !

Et le suffrage universel. — Est-il le droit ? Est-il la loi ? poursuit Jeanicot.

Je crois parbleu bien, répond Vermorel, le droit naturel. — Le droit souverain. — L'appel au peuple. — Vous savez bien compère, Dieu le veut. — *Dieix il volt* ! — La voix du peuple, la voix de Dieu ! — *Dio e popalo* de Mazzini toujours. — Dieu souverain. — Le peuple souverain !

Mais ce n'est pas le droit divin, ô Jeanicoton ! c'est le droit humain que nous cherchons, nous autres du *Courrier*.

La belle fichaise, reprend Jeanicot. Au lieu que le bon Dieu soit en haut, dans les combles, vous le flanquez en bas, dans la rue, au risque de s'enrhumer, et voilà tout.

Ah ! le bon billet qu'a La Châtre !

Mais au nom de Dieu ou du Diable. — Qu'est ce que le suffrage universel ? — Eh ! bien *flambeau*, écoute Proudhon, page 158 ; — *Idée générale de la Révolution au XIX siècle :*

« Le suffrage universel est à mes yeux une vraie loterie. »

Page 161 : — « Dix millions de *pauvres d'esprit*, qui ont
» juré par toutes les idoles ; qui ont applaudi à tous les pro-
» grammes ; qui ont été dupes de toutes les intrigues ; ces
» dix millions rédigeant leurs cahiers, et nommant *ad hoc*
» leurs mandataires résoudront *sans faillir* le problème de
» la révolution ! oh ! messieurs vous ne le croyez point ;
» vous ne l'espérez pas ! »

Et plus bas, page 163 :

« Enfin, tout cela est enfantillage, je ne leur confierais

» point mon travail ; mon repos, ma fortune, je ne risque-
» rais pas un cheveu de ma tête pour les défendre ! »

Quoi donc alors ? Eh ! bien, le contrat d'individu à individu, de commune à commune, de province à province, basé sur la pratique spontanée de l'industrie, d'accord avec la raison sociale et individuelle. — Voilà le droit. — Et alors, bonsoir au suffrage universel.

« Le suffrage universel est le jugement de Dieu ! » C'est le jugement de l'homme qu'il nous faut.

Voilà le biscuit et la farine que nous tenons à la disposition de la légion sacrée. — Si elle est sage !

Je m'arrête, car je crains de profaner la dignité d'une école !

En tous cas, réfléchissez à un fait, et le public y réfléchira aussi. — Faites-nous voir une seule fois dans le *Courrier* une signature d'un des légataires intellectuels de Proudhon, autre que celle de Duchêne, spécialiste. — Pourquoi donc cette abstention ! Il y a là au fond quelque chose de plus ou de moins. — Ce quelque chose, nous le savons, nous ; vous l'ignorez, vous, et pour cause !........

Nous savons, nous, que le feu est aux poudres...... Et ce n'est pas d'hier et puisque vous nous avez nommé capitaine *(un cabecillo disent les espagnols)*, nous connaissons l'heure où il faudra mettre le feu à la sainte-barbe et aux batteries du pont !......... Patience.

Et vous, vous avez l'audace de nous donner des avis. Des avis de vous ? fouette-coco de bas-étage ! — Cuistres d'école au rabais, allons donc ! Vous ignorez que comme notre maître, vu l'état de l'instruction en France, nous sommes convaincu que ce sont les académies qui ont *besoin d'avoine*. — Jugez de la quantité d'hectolitres qu'il faudrait à la vôtre ! — Voyez plutôt ce qui se passe et instruisez vous :
— Sortie du crédit-mobilier des Péreire et des Michel-Chevalier.

Péreire, ex-St-Simonien.

Michel-Chevalier, sénateur, ex-collaborateur aux *Débats* avec Bastiat de l'économisme officiel et doctrinaire, professeur d'économie politique au collége de France.

Qui signifie donc cette retraite ?

Parbleu ! répondrez-vous, cela signifie ruine des actionnaires.

Ce n'est pas cela. — Perte d'argent n'est pas mortelle. — Il y a plus et mieux. — Quoi donc, direz-vous encore ?

Eh ! tête de carton, cela signifie ruine de l'école économique doctrinaire par les faits eux-mêmes.

Et alors vous pensez arrivée l'heure de l'avoine proudhonnienne ?

Pas encore ! l'école à du foin dans les bottes !... Le pain est cher ! l'avoine aussi. A d'autres courtauds comme vous et vos avis et vos conseils, poussifs ! Et puisque vous savez si bien faire les épitaphes des gens vivants, bien vivants :

Les gens que vous tuez se portent assez bien.

Eh bien, faites des épitaphes, des devise à l'usage des morts et des pâtissiers de votre farine. Le Christ a dit : — « *Laissez les morts enterrer les morts !* » Vous êtes des sépulcres blanchis ! Et puisque aujourd'hui il y a grand gala et fête des ânes, nous vous sommons d'enfourcher le roussin et non Pégase, trop haut pour vos tibias, et l'on vous mettra le bonnet, comme cela se pratiquait au moyen-âge.

Et si quelqu'un n'est pas content, ma foi, eh ! bien, on lui rendra son argent à la porte.

Cependant, un mot pour finir, et pour votre gouverne ! Un avis qui va vous intéresser....... et peut-être d'autres encore.

Il y a à Bordeaux deux calomniateurs et un médisant de M. Vermorel. — C'est le décapité qui parle, écoutez, ce sont :

1º M. A. P***, artiste en plagiat et employé ;

2º M. A. M***, journaliste proudhonnien cryptogame poussé d'hier ;

3º M. A. L***, vieux journaliste.

Les deux premiers de ces personnages, tour-à-tour, ont affirmé devant vingt témoins, qui signeraient au besoin, que M. Vermorel était un homme livré au gouvernement ; l'homme sans tête, en face de ces affirmations malveillantes a protesté et défendu M. Vermorel de son mieux, quant à sa personnalité consciencielle.

De son vivant, Proudhon, lui aussi, nous écrivait un jour, c'était au temps des élections de 1863 : « *On nous accuse de faire avec la police. — Je fais le poing dans ma poche.* »

— Pour moi, j'en riais ; et après sa mort, il s'est trouvé

pourtant un révolutionnaire assez stupide pour ramasser cette calomnie. — C'est le sycophante Pelletan !....

Un autre jour, dans l'amertume de la lutte, Proudhon, poussé par des malintentionés ou des malavisés, accuse certain journaliste Bordelais de vouloir *se vendre au gouvernement*. L'homme sans tête répond à Proudhon et fait justice de cette accusation acceptée trop facilement par lui. Voilà ce que sait faire l'homme sans tête. — Il discute les idées, mais ne met jamais en doute la conscience, si ce n'est la vôtre.

Or, le plus joli en tout cela, c'est que le deuxième calomniateur fait partie aujourd'hui de la rédaction du *Courrier*.

C'est ici le cas de dire : « Chacun est le médecin de son » honneur. »

Mais si tous nos solipèdes médisants et calomniateurs s'en vont comme cela à Paris, qu'allons nous devenir ? Justes dieux ! Force nous sera d'adresser une requête et une supplique au pauvre Vermorel.

> Rendez-nous nos ânons, s'il vous plaît,
> Ah ! veuillez nous les rendre !

Et à force de crier on finira par nous les rendre.

Et si *la Gironde*...... elle aussi passait à l'ennemi, armes et bagages...... Elle qui...... mais non...... Après cela tout est possible dans le charabia actuel. — En attendant :

Avis aussi en passant à la *légion sacrée*. Depuis quelque temps on se fait joliment de l'œil, là-bas !...... — Attention..... Légionaires.... — Attention, et surtout abstention!

Or, pour le besoin de *notre réputation*, sachez une chose, c'est que : *Pour l'Internationale*, supplié d'y entrer, nous ne l'avons fait que sous toutes réserves.-- De même que supplié aujourd'hui d'entrer dans *la Coopérative*, à titre de conseil, ce que nous hésitons à faire ; dans quelque société que ce soit, dans quelque combinaison économique ou politique, nous n'abdiquons jamais du grand jamais, notre libre arbitre, notre liberté d'agir et de penser pour entrer en coterie. — Réfléchir avant d'agir, voilà ce que sait faire le décapité parlant, ce que ne savent pas faire les *hommes sans tête ni queue* !

Quant à vos saluts et à votre estime, il n'a qu'en faire ; il a l'habitude de crier avec les faubouriens à la *chienlit* sur les *gens masqués*. — Il voit alors à qui il a affaire, et quand sur son chemin il rencontre des mutilés, il les plaint et passe !

Et cependant, son devoir est de vous dire ceci : — L'Internationale n'a pas besoin de faire la prude, ni la renchérie ; elle a donné des gages au gouvernement le jour où elle s'est avisée de frotter les *côtes du révolutionnaire Protot* ; de plus, elle a deux répondants de haute-futaie, titrés gouvernementaux et *conservateurs*, ce sont le *prince Napoléon Jérome et James Fazy*. — Elle est bonne fille..... L'Internationale.....

Quant aux fautes de typographie, que vous avez la stupidité de relever, allez trouver *l'imprimeur*, et il vous témoignera et de notre patience à l'endroit des incorrections et de notre tenacité, et il redressera *sa bénalité* à lui, et votre banalité, à vous ! — C'est un ouvrier, celui-là. Ah ! je doute fort qu'aux élections prochaines il vous donne sa voix ; je crains que vous ne trouviez en lui un abstenant têtu.

Dans le doute, abstiens-toi, disaient les antiques stoïciens. — Dans la certitude..... abstiens-toi, disent les stoïciens modernes, et ne perdez pas de vue cette parodie du psalmiste : « Médiocrité des médiocrités ; tout n'est que médiocrité ! Tout n'est que charabia et mauvaise foi. »

Quant à moi, je puis vous dire ceci : c'est que si Proudhon vivait, de sa puissante voix il vous eût dit : « Au champ. — Au champ ! — Au moulin ! — La fête des ânes est finie ! *Le pain est si cher* ! *La terre a tant besoin de bras* !

Bordeaux, Imp. Métreau et Cᵉ, rue du Parlem.-Ste-Catherine, 19.

www.ingramcontent.com/pod-product-compliance
Lightning Source LLC
Chambersburg PA
CBHW070707050426
42451CB00008B/540